Wederather SchreibHefte
—— 1 ——

Ulla Schmidt

Poesie weiblich

D1720502

ULLA SCHMIDT VERLAG

Impressum

Ulla Schmidt
„Poesie weiblich"
Nummer 1 der Reihe „Wederather SchreibHefte"

ULLA SCHMIDT VERLAG
Wederath 35
D – 54497 Morbach
Telefon 06536-93171
Telefax 06536-93170

Gestaltung:
Constance Dollwet und Team
Freie Schule für Kommunikation & Kreativität
Morbach

Druck:
Knotenpunkt Offsetdruck GmbH
D – 56290 Buch
(gedruckt auf 100% Recyclingpapier)

© Copyright by ULLA SCHMIDT VERLAG

1. Auflage April 1998

ISBN 3-933381-01-0

Die Deutsche Bibliothek - CIP-Einheitsaufnahme

Schmidt, Ulla:
Poesie weiblich / Ulla Schmidt. - 1. Aufl. - Morbach :
Schmidt, 1998
(Wederather SchreibHefte ; Nr. 1)
ISBN 3-933381-01-0

Die Wederather SchreibHefte

In der Reihe „Wederather SchreibHefte"
werden Beiträge aus dem Kreis des
„Wederather Frauenschreibtisches"
veröffentlicht –
Erfahrungsberichte und Zeugnisse
vom Weg des Einzelnen,
sein ureigenes Sprachvermögen
(wieder) zu entdecken und zu befreien.

Zum vorliegenden ersten Heft der Reihe
wird ein „Hörbuch" (Sprechcassette) vorbereitet:
Ulla Schmidt, Poesie weiblich,
gelesen von der Autorin.

Inhalt

zur Entstehung

als ich noch klein war
da fragte ich den Vater
„wer bist du?"
und er hat sich mir nie vertraut
nie so
wie ich es tief in meinem Herzen wünschte
traurig lernte es in mir
zu schweigen

als ich nun dennoch größer wurde
da schenkte mir der Vater Bücher
und ich glaubte fest daran
daß der Vater
auch für mich sein Buch schreiben würde
fleißig lernte ich das Lesen
doch er schrieb nicht
und blieb mir fremd

mit fünfunddreißig Jahren dann
war ich mir fremd
immer noch
obwohl ich soviel dachte und wußte
und als ich mich dann fragte
wer bin ich?
da weinte es in mir
bitterlich

so habe ich mich
mir und guten Weggefährten anvertraut
ich lerne
horche
spreche und schreibe nun mein Buch
das mich zu meinem Herzen führt
vielleicht auch zu dem deinen

Spiel

schreibe ich
bin ich manchmal
wie ein verträumtes Kind:

laufe zum Bach
ohne zu wissen warum
schaue auf die bewegte Wasserfläche
staune
tauche
mit den Händen ins Naß
wühle Gischt auf
und glitzernde Wassertropfen
fliegen zu den Wolken
begleitet von hellem Kinderlachen

dann wage ich mich ins Dunkel
suche in Schlick und Sand
und finde
einen kleinen wundersamen Stein
spüle ihn im Wasser
zeige ihn der Sonne
bis ich ihn erkennen kann
hüte ihn
in meiner kleinen Hand
und trage ihn nach Hause
glücklich wissend
um viele Geheimnisse noch
die der Bachlauf sich entlocken läßt

Brief an Dich

Du
meine Freude
Dir möcht ich
wie die Harfe sein
die sich an Deine Hand verschenkt
und klingt

was Du mir gibst
möcht ich empfangen
und meinem Herzen sagen
daß es singt

Deine Freiheit
ist mein schönstes Lied

wenn ich verspüre
daß ich nach Dir noch greifen will
mit kindlicher Gebärde
erfinde ich mir meine Poesie
reich gefüllter Augenblicke
mit Dir

aus meinen Händen
laß ich sie fließen dann
mit Glück
und Schmerz
auf mein Papier
und schenk sie Dir

Sehnsucht

schon wieder
bin ich nicht in mir zuhaus

will bei dir sein
mich halte ich nicht aus
ertrage nicht mein Warten

die Zeit wird zur Unendlichkeit
mein Herz schlägt schnell
es klingt als ruft es nach dem zweiten
weh

ich suche und ich sehne mich
nach dir
wer sind wir beide?
frag ich mich in meiner großen Not

einig
innig
eins sein
geborgen wie in einem Nest
schwerelos getragen im Ozean der Mitte

woher nur fließt dies Wohlgefühl mir zu?
ich muß es kennen
kann es benennen
wenn du mich fest in deinen Armen hältst

es ist viel älter noch als du
und auch als wir beide

wir

ich umarme dich
und freue mich
jetzt bist du da
endlich

will mit dir
sprechen
schweigen
lachen
weinen
singen
tanzen
will mit dir sein

ich zünde Feuer an
daß es brennt
in unsern Herzen hell

hüten laß uns
unsern Schlaf
und unsre Träume
warm ist das Nest
das du mit mir teilst

und wenn du gehst
so lebt in meiner Stimme fort
dein Lied

es grüßt dich schon von weitem
wenn du wiederkommst
Freundin

dreisam

du und ich
und
ich und du
und nur wir beide
wie Mutter und Kind

mein Sommer neigt sich
ich möchte entwachsen
endlich erwachsen werden
möchte nicht mehr nur bis zwei zählen

wagen
einen dritten Menschen
willkommen zu heißen
in unserer Zweisamkeit
ihm Raum zu schenken
in meinem Herzen
und in unserem Leben

ich fühle es noch immer
wie weh es tut
wenn Zwei sich stören
an mir
der Dritten

Puppenkind

meine kleine Puppe
nahm ich überallhin mit
auch in den Garten und auf die Schaukel
und wenn ich im Sandkasten spielte
dann durfte die Puppe mit der neuen Schaufel spielen
die mir der Papa geschenkt hatte

nachts hatte die Puppe Angst
und weinte
wenn sie allein im Gitterbettchen schlafen sollte
dann nahm ich sie ganz fest in meine Arme
und spürte das Herz klopfen

nur so konnte die Puppe einschlafen
und die Träume aushalten
kleine Puppen können schreckliche Träume haben
wie gut
daß meine Puppe mir alles erzählen durfte

ganz aufgeregt war ich immer
am späten Nachmittag
wenn die Tür leise geöffnet wurde
so machte das nur der Vater
er setzte sich in den alten Sessel
und ich kletterte auf seinen Schoß
das war schön
auch die kleine Puppe freute sich

als dann eines Tages
der Vater sagte
„das muß jetzt endlich aufhören"
da gehorchte ich

meine kleine Puppe weinte
und als sie gar nicht aufhören wollte zu weinen
da kritzelte ich
häßliche schwarze Ringe um ihre Augen
finster sah die Puppe aus
ich mochte sie nicht mehr und legte sie weg

Kinderreim

wie ein Kind
und leicht
wie Blätter fliegen im Wind
möcht ich tanzen und singen

wie ein kleines Mädchen springen
von einem auf das andere Bein
und ganz einfach
fröhlich sein

wie Blumen unter dem Schnee
und tief
wie ein Geheimnis im See
so tief möcht ich schlafen und träumen

wie ein kleines Mädchen versäumen
die Pflicht und die Zeit und den Schein
und ganz einfach
Kind wieder sein

zum Muttertag

mit der Hingabe eines Kindes
möcht ich mein Alles Dir verschenken:
ein Veilchen
mit zarter Kinderhand
behutsam
zeitverloren
ausgraben
und im Rhabarberblatt
wie damals
heute schenken Dir
Mama
Dir Deinen Tag
damit verschönen
hoff ich doch so sehr
daß Dein Herz mich erkennt
und Dich das meine

Susanne erinnert sich

klein
war ich
und ich fühlte mich sehr allein

meinen einzigen Freund
hatte ich mir in meinem Herzen gefunden
das war der Ibich

niemand konnte so lieb zuhören wie er
und ich erzählte ihm alles
mein Spielgefährte war er auch
und in jeder Nacht setzte sich der Ibich an mein Bett
nur so konnte ich schlafen

an einem schönen Frühlingstag
sang der Ibich sein allerschönstes Lied
ich lächelte und sagte
„so lieb hab ich dich"

da fragte die Mutter
„mit wem sprichst du?"
„mit meinem Freund"
antwortete ich

die Mutter wollte den Ibich sehen
sie suchte ihn
aber sie konnte ihn nicht erkennen
böse wurde sie und schimpfte
„du hast gar keinen Freund"

da wurden meine kleinen Kinderohren krank
nur einmal noch
nahm ich den Ibich in meine Hände
zärtlich streichelte ich ihn
bis er nicht mehr zitterte
ganz leise flüsterte ich ihm zu
„dir schenke ich mein Herz
flieg in die Welt hinaus"

der Ibich weinte
und er verschwand

als ich größer wurde
und immer und immer wieder in die Ferne schaute
tat mir mein Herz so weh
und ich wußte noch nicht einmal mehr warum

siebzehn

das Kleid war viel zu lang
ich hab es ganz kurz abgeschnitten
noch nicht mal umgenäht

und gleich will ich in die Stadt
wo man nur kennt den langen Rock
und den gesenkten Blick

knallrot male ich mir die Fußnägel an
Rouge lege ich auf
und Lippenstift
versuche mich
mit teurem Parfüm

heute gönn ich mir den tollen Schuh
schwarz soll er sein
mit einem Guckloch
für meinen frechen Zeh
und außerdem will ich noch
nen großen Hut mit breiter Krempe

tief in die Stirn werd ich ihn ziehen
die Augen leicht verbergen
so bleibt mir noch ein wenig Zeit
für meinen Mut
vom Mädchen bis zur Frau

Premiere

zum allererstenmal
hat mich ein Mann heut
Weib
genannt

vollmundig
legt dieser Name sich in mein Gemüt
er klingt berauschend
wie der Ton auf einer tiefen Cellosaite

ich fühle mich so wunderbar erkannt
schließe meine Augen
und lausche immer noch

es schwingt in mir
dies einzigartige Vibrato
nicht nur mein Ohr hat es vernommen

mir ist
als sei ich angekommen
bei mir

Paulines Geheimnis

wenn ich mich streckte
konnte ich schon mit dem Kopf und mit den Zehen
die Wände des Kinderbettchens berühren
so groß war ich damals schon

ja so groß
daß ich in dem neuen Haus
das der Vater baute
ein eigenes Zimmer bekommen sollte
und ein richtiges Bett

in einer Nacht schlief ich schon lange

als die Eltern ins Schlafzimmer kamen
spürte ich
wie die Mutter mir den Daumen aus dem Mund nahm
und ich hörte das Ausknipsen der Nachttischlampe

plötzlich schreckte ich auf
durch das ängstliche Sprechen der Mutter
„wir müssen leise sein"
ganz leise und zitternd
setzte ich mich vorsichtig im Kinderbettchen auf
sehen konnte ich nichts
es war stockdunkel im Zimmer

und schon wieder kroch diese Angststimme
in meine Ohren
„wir müssen leise sein"
ich rührte mich nicht mehr
und horchte angespannt

hörte
was wohl auch die Mutter hörte:
das Atmen wie von einem Tier
das Atmen wurde schneller und lauter
und ich fürchtete mich vor diesem Tier
das ich noch nie gehört und gesehen hatte

schlimm
daß ich nichts sagen und nicht weinen durfte
wir mußten leise sein
ich hielt den Atem an
bald hörte das Keuchen auf
vielleicht war das Tier eingeschlafen

aber ich durfte nicht schlafen
ich mußte auf das Tier aufpassen
still im Bettchen sitzen
und so die Eltern beschützen

am Morgen schien die Sonne ins Zimmer
und ich schreckte auf
war ich doch eingeschlafen
vorsichtig schaute ich durch die Gitterstäbe
des Kinderbettchens
die Eltern schliefen noch
Mama in Papas Arm
das Tier hatte den beiden nichts getan
es mußte sich versteckt haben

wohin denn nur?
Fenster und Türen waren geschlossen

vor lauter Angst flüsterte ich die Eltern wach
weinte und bat sie inständig
nach dem Tier zu suchen
das in der Nacht so laut gekeucht hatte

der Vater nahm mich auf den Arm
anders als sonst
und zeigte mir
daß kein Tier im Zimmer war

verzweifelt mußte ich noch mehr weinen
und Vaters Stimme wurde streng

die Mutter schwieg
der Vater wurde böse
ich wollte weg von seinem Arm

ich konnte mir nicht vorstellen
wie das Tier durch geschlossene Fenster und Türen
hatte kommen können

die Eltern glaubten mir nicht
allein mußte ich wachbleiben
und sehen lernen
wie das in der Geschichte die Fledermaus konnte

verliebt

die Stille
ist mir so willkommen jetzt
sie hört mir zu

tief bewegt bin ich
nicht fassen kann ich das Gefühl
gesät in mich durch dich

mir ist
wie einem Kind
das staunend sich vergißt
die Augen ineinander fließen läßt

will werden
wie ein Blatt
das biegsam nicht zerbricht
im Sturm
sich weh ergreifen läßt
von seinem starken Spiel

noch fürcht ich mich

kopflos

eine Ewigkeit hab ich dich nicht gesehen
seit gestern nichts gegessen
mein Körper weigert sich
er will nur dich

die Zeit ist träge
widersetzt sich meinem Herzen zäh

jetzt bist du da
dein Kuß grüßt flüchtig meine Lippen
wie Espenlaub erzittre ich
rasch berührst du meine Hand
zärtlich doch entschieden

mein Puls schlägt hoch
ich fürchte
und verlasse mich

ich will nur dich
kopflos
und denke nicht an morgen

die böse Hand

in der dunklen Diele hing das Bild
nur in unbedachten Momenten
verirrten sich ihre Augen
zu der gebeugten schwarzen Gestalt
die so seltsam die Hand ausstreckte

wenn Sonja sich sehr fürchtete
sah sie diese Hand
über den Bilderrahmen hinausgreifen
und manchmal fühlte Sonja
wie die Hand nach ihr griff
schrecklich war das
Sonja rannte weg
schreien durfte sie nicht
niemand hätte ihr geglaubt
daß die Hand lebendig war
sie mußte das für sich behalten
und so hatte Sonja gelernt
ihren Kopf zur Seite zu drehen
wenn sie an diesem Bild vorbeigehen mußte

zu ihrem fünften Geburtstag
war der Onkel gekommen
und hatte seinen dunklen Anzug an
Sonja war sehr aufgeregt
und half der Mutter beim Tischdecken
das große Tablett durfte sie ins Zimmer tragen
der Onkel schaute sie an und wollte ihr helfen
er stand auf und kam auf sie zu
dann beugte er sich zu ihr hinab

und in dem Augenblick
als er den Kuchenteller vom Tablett nehmen wollte
da erkannte sie die Hand
hart schlug Sonja zu Boden

die Mutter
hob sie auf
und trug sie fort
von dieser schrecklichen Hand

nach-fühlen

ich will
den Aschenbecher nicht ausleeren
schenkt er mir doch
für eine Weile noch
den Geruch nach Tabak
und nach einem Mann
dem mein Herz vertrauen kann

sinnlich
spielen meine Finger
mit der leeren Kaffeetasse
führen sie zum Munde dort

wo seine Lippen sie berührt
und noch einmal spüre ich
die Zärtlichkeit
in seinem Kuß

ich träume
daß er wiederkehrt

siebenundvierzig

mit dem Herzen eines Mädchens
und der Umarmung einer reifen Frau
will ich
begegnen lernen

grau
wird mein erstes Haar
wie gut fürwahr
daß auch bei mir die Weisheit
Einzug halten will
Zeit endlich in Muße zu verwandeln
und Vorstellung in einen Weg

vom Denken möcht ich mich so gern entfernen
mehr vertrauen dem Gefühl
und dem beherzten Handeln
am liebsten
möcht ich fraglos dich in meine Arme nehmen
wenn mir mein Herz mit einem Lächeln dazu rät

zu spät
war ach so vieles schon in meinem Leben
nur Mut
ich habe mir behütet meine Kinderhand
die dich erwartet

aus Hannas Kindheit

es ist mir kalt in der Kirche
ich zittere

wie alle die anderen Kinder
mußte ich knien
und warten
und beten

ich grübele
was ich alles falsch gemacht habe

jedem Kind schaute ich nach
wie es hinter dem dunklen Vorhang verschwand
und wieder auftauchte

mir wird schlecht
weil ich das auch bald tun muß

den Beichtspiegel
konnte ich noch immer nicht auswendig
am liebsten wäre ich fortgelaufen

ich bekomme einen ganz trockenen Mund
die Kerzen verschwimmen vor meinen Augen
der Schweiß auf meiner Stirn wird kalt

nun war nur noch ein Kind vor mir
ich mußte aufstehen
mich neben die Bank stellen
und die Hände falten

meine Fingerspitzen werden weiß

jetzt mußte ich
hinter dem dunklen Vorhang verschwinden
niederknien und beichten
„in Demut und Reue bekenne ich meine Sünden"
ja, so mußte ich das sagen
und dann alle Sünden aufzählen
alle
und keine verschweigen

die Zunge klebt mir am Gaumen

wie sollte ich nur das mit den Doktorspielen
über meine Lippen bringen?
das war eine Todsünde
„wenn man eine Todsünde
nicht gebeichtet hat und stirbt
kommt man in die Hölle"
das hatte die Tante angedroht

mir wird irrsinnig heiß
ohnmächtig breche ich zusammen

die kleine Blume

die kleine Blume
mit der du
mein Herz angerührt
schaut aus meinem Fenster
und wartet auf dich
wie ich

mit ihrer schönsten Blüte
grüßt sie dich
wenn sie dich kommen sieht

und mir geschieht
daß ich mich freue
so sehr
auf dich

Nachtfalter

Mitternacht
schwül ist es in meinem Zimmer
weit öffne ich mein Fenster

und schon kommst du hereingeflattert
Nachtfalter
fliegst um meine Schreibtischlampe

hat dich mein Licht wie mich gelockt
die Nacht zu spüren
und ihren Salzgeschmack im August?

Nachtlicht ist gefährlich
es soll dir nicht die Flügel brennen
achte gut auf dich
schön bist du, Flügeltier

kommst allein
vielleicht kann ich dir sein
für diesen stillen Augenblick ein Freund
ich freue mich
weil du da bist

stumm und flatterhaft
schmückst mir Tisch und Wände
mit deinem sammetweichen Flug
mir ist, als streichelst du mein Gesicht
schon wenn ich dich betrachte

gleich lösche ich das Licht
fliege oder bleibe
es ist gut

Märchen

es war einmal
daß Eva im Fieber
vom Rotkäppchen träumte:

Rotkäppchen muß allein zur Großmutter gehen
zieht sein rotes Käppchen an
und nimmt den Korb

Rotkäppchen verspricht
den Weg nicht zu verlassen
und winkt der Mutter folgsam nach

dann dreht Rotkäppchen sich nicht mehr um
die Tränen kommen
der Weg ist weit
und der Wald ist so dunkel

wenn die Mutter schon nicht mitkommt
so hat Rotkäppchen doch wenigstens
den Korb mit dem großen Henkel
und daran hält es sich fest und singt
„der Wolf ist tot – der Wolf ist tot"

plötzlich kann Rotkäppchen nicht mehr weitergehen
erstarrt flüstert es
„bitte, großer Wolf, geh weg"
doch der Wolf geht nicht weg

voller Schrecken wurde Eva wach
und erzählte der Mutter das Märchen

die Mutter tröstete sie
„du hast nur geträumt
und außerdem hast du das Märchen falsch erzählt"

dann ging die Mutter hinaus
und ließ Eva allein

Unkraut

Fräulein Löwenzahn
schenkt mir die Ehre
verweilt in meinem Garten

und spürt
daß ich nie mehr verwehre
ihr Dasein
in unserm kleinen Reich
von Mutter Erde

kaum kann ich erwarten
das satte Gelb
vertraue
fröhlich wie ein Kind
auf die schönste aller Pusteblumen

Aufbruch

sie stritten sich in mir
die Mutter mit dem Weibe
die Pflicht rang mit der Liebe
und schmerzliches Gebären mit der Lust

doch jetzt
verlang mit Macht ich
nach dem mir noch so unbekannten Weg
zu einem sonnigen Zenit der Lebensmitte

das Tor zu meinem Paradies
laß ich mir nicht verwehren
nie mehr
von dir nicht und auch nicht von mir

ungebrochen
ist das Mädchen
in mir
noch immer

zärtlich will ich
es lachen lehren
an die Frau in mir die Zeit verschenken
auf daß sie wachsen kann
und reifen
wie im Herbst die Traube

versöhnen

ungefragt
bin ich Mutter geworden
mir
und dir

hineingestolpert
in dein Werden
und weiß zu wenig nur warum
hab ich in meinem Herzen mich gefragt
ob ich dich innig wünsche?

die Antwort bin ich noch heute schuldig
dir Kind
und mir

deine traurigen Kinderaugen
treiben mir die Tränen zwanzig Jahre schon
meine Brust war klein und groß die Angst
verarmt sind meine Hände dir an Zärtlichkeiten
kaum bin ich dir begegnet

habe uns getäuscht
mit Mutterpflicht
sie will ich nicht

ich freue mich auf jeden Tag
den du mir heute schenkst
mir nicht verdenkst den Weg
den ich zu deinem Herzen gehen muß

einfach so

die Sonne lacht
ich liege immer noch im Bett
die Katze schläft

ich mache es mir einfach heute
und vielleicht auch morgen
endlich hab ich das gelernt

Fliegen streicheln mich
sie denken nicht
auch nicht an übermorgen

der Tag ist immer wieder jung
ich möcht es wieder werden

mit meiner Kaffeetasse in der Hand
Luftlöcher in den Himmel schauen
und sonst nichts machen
heut hab ich keine Lust
auf ernste Sachen

meine Katze will ich streicheln
und meinen Lebensjahren schmeicheln
die Küche räum ich auch nicht auf
der Schreibtisch bleibt mir staubig

ich schaukle in der Hängematte
erzähl mir meine Träume
und hör mir zu
viel besser schon als gestern

Liebeslied

du bist nicht mein
ich bin nicht dein

du darfst nie eingesperrt
in meinem Herzen sein
komm nur und geh
die Tür ist offen
nicht Schloß, nicht Riegel
halten dich noch mich
und
ich brauche dich nicht
hörst du
sonst würde ich die Schönheit nie erleben
die mir der Augenblick mit dir verschenkt

laß mich dir Weggefährtin sein
und dich begleiten
wann immer uns ein Weg zusammenführt
für eine wundersame Weile
Hand in Hand

wie Kinder laß uns spielen miteinander
in Fliederdüften schwelgen
als ein verliebtes Paar

schleicht unerkannt der Argwohn
aus vergessenen Winkeln
einmal in unser Wort und unsre Hände
wünsch ich mir sehr
daß wir nicht streiten

dann will ich fragen mich und dich
wen wir und was wir meinen eigentlich
in dieser dunklen Stunde
den Weg zu unseren Herzen
möchte ich bereiten
immer wieder neu

mein Feind

fahnenflüchtig
laufe ich über
zur anderen Seite
dorthin
wo ich nicht mehr an mich glaube
schlüpfe in die Haut eines Anklägers
der mich beschuldigt
für mein Anders-sein

dann erhebe ich den Zeigefinger
gegen mich
werde mein eigener Feind
stelle mich in Frage
bis zur Unkenntlichkeit
weit – unendlich weit
wird der Weg zurück zu mir
mein Kopf weiß dann nur schwer
auf welcher Seite er steht
sucht sich Hilfe
in schweißnassen Träumen
in denen ich um mein Leben laufe
panisch umher irre
bis ich finde
den Teil von mir
der an der Wand steht
grausam in Frage gestellt

erschüttert von diesem Anblick
weine ich
löse die Fesseln
nehme mich in meine Arme
will mich nie mehr alleine lassen
und geborgen in mir
schlafe ich ein

angekommen

ein Rausch vom Weine
wie roter Samt
in einer warmen Nacht

die Beine hab ich auf dem Tisch
du auch
und meine Seele lacht

still ist mein Hunger
nicht nur von Käse, Brot und Speck

was wundert es mich noch
daß ich in deinen Armen
bis zum Mittag schlafen kann
ruhig wie ein Kind

wunschlos bin ich endlich
angekommen

hier möcht ich sein
nicht immer wieder anderswo
nichts andres tun
als was der Tag uns heute bringt

und sitzen unterm alten Baum
willkommenheißen
Nachbars Katze
einen Gast
auch alte Traurigkeiten

Kalenderblatt

im steten Sterben
will ich streben
mich verwandeln hin
zum Neubeginn
und möchte finden
mir
und dir
den tiefen Sinn
der seine Heimat hat
in einem jeden meiner Tage
und in dem Nest
das mir die Erde schenkt

aus Katharinas Tagebuch

du bist mir so wichtig
ich suche dich
Mann
ein halbes Leben lang
ist das schon so
ich hange dir an
Vater
kann glücklich sein
nur mit dir
so scheint es mir noch immer
doch langsam
trügt mich nicht mehr der Schein
ich muß ohne dich sein
Papa
Jahre schon bist du tot
ich will
das noch immer nicht wissen
dich zu vermissen
tut mir so weh
jäh löse ich mich
von deiner Hand
von der ich mich am liebsten
führen lassen will
still wie ein Kind
mein Gefühl
will mir noch immer nicht gehören
es ist hängengeblieben dort
wo es schön war mit dir
meinem vermeintlichen Freund

verwirrt und gefangen
hat mich dein Wort
deine Kränkungen hab ich mir weggedacht
dennoch glaube ich lieber
dir als mir
zum Patriarchen
hab ich dich gemacht
dich erhoben zu meinem Herrn

wie gern möcht ich lernen
mir wichtig zu sein
in mir geborgen
meine Schritte zu tun
als Mädchen und Frau
in mir zu ruhn
und neu zu begegnen
vielleicht dann auch dir

unser Nest

eine Vogelfeder
liegt in unserm Garten
ich nehme sie behutsam auf
und trage sie in unser Nest

warm soll es werden dort
ich wünsche mir so sehr den Ort
den unsere Liebe
ein Zuhause nennt

wie gut
daß mein Gefühl
bereits
den Platz in deinem Herzen kennt

beflügelt

im Schutze
meiner reichen Jahre
erlaube ich mir Jugend
und Übermut
mit der Ruhe im Herzen
bereits dafür bezahlt zu haben

meinem Leben schenk ich Flügel
ich will Freiheit spüren
den Tribut für sogenannte Sicherheiten
vertausch ich
mit Vertrauen

verlasse mich auf Freundschaft
die erst jetzt
ich finden und hüten kann

und Weisheit
die ich der Natur ablese
der Erde
dem Wasser
dem Werden und Vergehn

weh-Mut

ich will nicht
aufstehn
liege da
zusammengerollt

zwanghaft
kreist ein ewiger Gedanke in mir
ich will ihn nicht
will ihn nicht wissen
er aber
läßt sich nicht vergessen

ich bin zu müde geworden
ihn wegzujagen
mit Illusionen wegzulügen
ihn mit Leistung zuzudecken
mein Widerstand stirbt
ich kann mich nicht mehr zusammenreißen

mit Angst
werd ich mich stellen müssen
diesem furchtbaren Gedanken
darf meine Augen nicht mehr verschließen
sonst fürchte ich
daß sie das Sehen verlernen

dann will ich lernen
diesen einen Gedanken zu denken
er darf mein Feind nicht bleiben

jetzt muß ich
diesen Gedanken aussprechen
endlich meine Wahrheit sagen:
ich bin nur ein Mädchen

an meine Freundin

deine Arme sind warm
umfangen mich
wie ein Nest
und halten mich fest

kindlich geborgen
versuche ich
scheu
noch einmal zu vertrauen
einer Nähe
die mir so oft ·
versagt geblieben

Irrlichter
haben mir den Schlaf geraubt
Nestwärme
hab ich tot geglaubt
für mich

in deinen Armen
suche ich
den Herzschlag
dem sich ein Kind
einschlafend
überläßt

kleine Weisheit

nicht nur der Spiegel
hat mein erstes graues Haar entdeckt
wenn ich lerne
es zu lieben
gerne
mag es sich zugesellen
den kleinen Fältchen im Gesicht
und sie streicheln
bis sie lächeln

am Klavier

im liebsten immer wieder moll
mit diesem wehen Halbtonschritt

„für Elise" –
ich fühle mich gemeint
kann nicht weinen
all die Tränen, die ich spüre

Schmerz in meinen Händen
die sich wehren
kalte Tasten zu berühren
zu vergessen sanftes Streicheln

„Liebestraum" –
ich flüchte mich zur Kunst
bin nur Auge
Ohr und Hand
die Kunst regiert
und ich will ihr gehorchen

„Les Adieux" –
ich kann nicht verwinden
den Abschied von Dir

„Walzer in a-moll" –
tanzen? nein!
mein Mut
reicht nur zu einem Spiel
manchmal noch zum Gesang

traurig singe ich
„ich liebe dich" –
vergeblich

der Komponist verschreibt sich seiner Kunst
ich folge ihm
und tröste mich –
eigentlich
suche ich Dich
doch wage ich
nur eine Melodie in moll

Ständchen zum Geburtstag

für Dich möcht ich an Deinem Feiertage
ein Blumenmädchen sein
mit Anmut und mit einem Knicks
Dein Haus freudig betreten

ein Lied soll Dir Dein Herz erfreun
leise klingt es nur
eine kleine Melodie
aus Tönen dunkelblau in moll
und hell von gelb bis gold in dur
singt in alter Weise:

ich bin ein bunter Schmetterling
und komme von weither zu Dir
der schönste Tag
der mir gehört
erwächst aus dunkler Nacht
und meine Flügel sind erwacht
in einer starren Hülle
wachgeküßt
hat mich die Sonne
mit einer Morgengabe
Dich und mich begrüßt:
herzlich sei willkommen
das Leben ist Dir wohlgesonnen
viel Glück auf Deinem Weg

zuversichtlich

der Apfelbaum vor meinem Fenster
hat seine Blätter still verloren

kaum habe ich bemerkt .
den Übergang vom späten Sommer
in einen Herbst
der mich nicht schreckt
in diesem Jahr .
selbst Wind und Regen
zaubern mir ein Lächeln ins Gesicht

mag Altes sterben
endlich
ich trauere nicht
spür ich doch Neues werden
so, wie der Baum den Frühling ahnt
in jeder seiner Knospen

bei mir zuhause

weder verlange
noch erhoffe ich
von mir
von euch

auch nicht von dir
mich über mein Alleinsein
hinwegzutrösten
nein

aber ich habe entschieden
daß ich mit schmerzlicher Neugierde
lernen möchte
gerne auch mit mir allein zu sein

ein halbes Leben lang
habe ich meine Gefühle ausgestreut
es wird Zeit für mich
sie wie verlassene Kinder aufzufinden
ihnen endlich auch bei mir
ein Zuhause zu schenken

mein Herz weint
meine Seele ist heimwehkrank
verlangt nach Einkehr
Einssein
mit mir

unterwegs

ich sträube mich
noch immer
das Halbleer
in meinem Lebensglas
in ein Halbvoll
mir zu verwandeln

worauf nur
will ich warten?
sind doch Verlaß
und Stetigkeit
jenseits von Überfluß

dir gehören

ein Vogel
der in freiem Flug
die offene Tür in deinem Haus erblickt
und spürt
daß er verweilen will in deinen Mauern
das bin ich

und möchte mir dir sein
für eine Spanne
die nur die Qualität der Zeit beschreiben kann.
im Lichte eines Frühlings
und eines Sommers auch
wer weiß

du läßt mich ein
und läßt dich ein auf mich

ich höre dich und deine Wünsche
starke Wünsche
die du an mich hegst
sie begegnen heftig meinem innersten Verlangen
Grenzen zu überschreiten

das kann ich nicht alleine tun
ich weiß darum

ein Wanderer sucht den Weg
der Flügel braucht den Wind
das Weib den Mann
wohlan

ist es dein Wunsch
dein eigen mich zu nennen
so überlaß ich mich
und tu das freudig
weil ich dir gehören will

verloren

umarme ich
dich
vergesse ich
mich
meine Konturen verlieren sich
verschmelzen mit dir
mehr als ich will

ich ergebe
und verzehre mich
trunken fast

dann wird es still
einsam
suche schmerzlich ich
von Ferne mich
wie eine
die versunken ist
im anderen
verloren

schlaflos wandle ich
bis ich mich wiederfinde
und umarme mich

Neuigkeit

in meinem Strumpf
entdecke ich ein Loch
und greife endlich einmal nicht
zur Nadel
das ist neu
statt dessen
überlege ich mir heute
wohin ich meinen Zeh
spazieren trage
mit seinem kleinen Fenster
in die Welt

dich umarmen

du bist eine schöne Frau
das sehe ich
und weiß ich auch
nur fühlen kann ich dich
noch immer nicht

in den Spiegel schau ich selten
denn nackt beschäme ich auch mich
die Brüste sind mir fremd
der Bauch ist viel zu weiblich
wie sollt ich mich
und dich begreifen
schöne Frau?

darf das die Mutter nur?
der Mann?
das eigne Kind?

mutlos steh ich vor dir
als hätt ich keine Hände

wär ich ein kleines Mädchen nur
würd ich zu dir
in deine Badewanne hüpfen
und einen bunten Blumenstrauß
in deine Locken knüpfen
ach – und geborgen warm
in deinem Schoß einschlafen

wart noch eine kleine Weile
dann werd ich dich umarmen
schöne Frau

von Frau zu Frau zu Frau

in jungen Tagen
nahm ich mir
für die Frau
wenig Zeit
war stillschweigend
selbstverständlich
für Aufgaben bereit
ohne das Herz der Frau
zu befragen

heute
umgeben von Frauen
mit dem Bestreben
zu ihnen zu gehören
eine unter ihnen
und mit ihnen zu sein
fühle ich mich
bestätigt
ermutigt
und nicht mehr allein

stetig
reift der Wunsch in mir
Freundin zu sein
der Frau
in mir
in dir
in ihr
an einem jeden unserer Tage
mehr

Romanze

an einem Frühlingstag in einer kleinen Stadt:
zwei Menschen
die sich nie zuvor gesehen
begegnen sich und wagen ihren Augenblick

„bonjour" sagst lächelnd du
kommst mutig auf mich zu
ich geb dir meine Hand

wir schlendern
schauen über Fluß und Land
du zeigst mir eine kleine Insel
die dir in deinen Träumen lange schon gehört

dein Atem nähert sich
und zärtlich haucht dein Mund mir einen Kuß
in diese kleine Rundung unterm Ohr
dort wo die Frau empfindsam ist

nichts in mir verwehrt dir deinen Weg zu mir
ich freue mich
unsere Körper sind erwacht und suchen sich

schmeichelnd legt dein Arm sich
rund um meinen Rücken
und deine Hand begrüßt mein Becken weich
„das fühlt sich schön an" flüstert meine Stimme

gleich halten unsere Körper inne
nähern sich und zittern aneinander
bis sie ein Kuß erlöst

in der schmalen Pflastergasse einer kleinen Stadt:
die Sonne lacht
der Bach schäumt über
unsre Hände sprechen miteinander
uralte Worte der Begegnung
und machen
daß der Puls uns höher schlägt

den Mutigen gehört die Stunde
du öffnest mir dein Haus

Musik ist deine Ouvertüre
erregt mich
eine Russin singt Romanzen
meine Beine wollen tanzen
doch schaudre und ergeb ich mich
nicht nur Musik vibriert in meinem Körper
immer stärker

die Ouvertüre ist zu Ende
unsre Körper wissen das
behende schmiegen sie sich aneinander
und komponieren ihre eigne Melodie
aus Haut und Schweiß und Händen
mein Atem fliegt

Musik von Frau und Mann
viel mehr noch als ein Meisterstück

gelassen

du sagst mir oft
„es geht auch so"
und lachst

ich stutze
werde nicht mehr ärgerlich
und wundre mich
inzwischen

mag ruhig
das Wasser tropfen
die alte Diele knarren

notwendig
ist so vieles nicht
ich kann es lassen
und freue mich

Urvertrauen

ich vertraue
dem Leben

es ist wie Wasser
das fließt
ursprünglich
seine Richtung kennt

ich will mich einlassen
auf seinen Strom
mein Widerstehn verlieren

so kann ich fühlen
wie das Leben mich trägt
der Erde gleich
die meinem Fuß standhält
wenn ich sie betrete

schmerzlich erlebte ich
wenn mich der Zweifel
mit dem Leben hadern ließ

heute spüre ich
ganz tief in meinem Herzen
das Leben hat mich gerufen
und deshalb will ich sein